大江大河 科普绘本

# 世界遗产

黄 杰　　著
石子儿　　绘

童趣出版有限公司编　　人民邮电出版社出版
北 京

图书在版编目（CIP）数据

大运河：世界遗产 / 黄杰著；石子儿绘；童趣出版有限公司编. -- 北京：人民邮电出版社, 2024.6
（大江大河科普绘本）
ISBN 978-7-115-63631-7

Ⅰ. ①大… Ⅱ. ①黄… ②石… ③童… Ⅲ. ①大运河－中国－少儿读物 Ⅳ. ①K928.42-49

中国国家版本馆CIP数据核字(2024)第021047号

责任编辑：刘玉一　史苗苗
责任印制：李晓敏
封面设计：董　雪
排版制作：北京胜杰文化发展有限公司

编　　：童趣出版有限公司
出　版：人民邮电出版社
地　　址：北京市丰台区成寿寺路 11 号邮电出版大厦（100164）
网　　址：www.childrenfun.com.cn

读者热线：010-81054177
经销电话：010-81054120

印　　刷：雅迪云印（天津）科技有限公司
开　　本：710×1000　1/8
印　　张：6
字　　数：65 千字
版　　次：2024 年 6 月第 1 版　2024 年 6 月第 1 次印刷
书　　号：ISBN 978-7-115-63631-7
定　　价：69.00 元

版权所有，侵权必究。如发现质量问题，请直接联系读者服务部：010-81054177。

# 序 言

水是生存之本、文明之源、生态之基。古往今来，人类逐水而居，文明伴水而生。

奔腾不息的长江、黄河，是中华民族的摇篮，哺育了五千多年未曾中断的中华文明。纵横千里的大运河是世界上里程最长、规模最大的人工水道，为中华民族生生不息、发展壮大提供了丰厚滋养。珠江水系众多，从小渔村到粤港澳大湾区，见证了令世界瞩目的发展奇迹。

在广袤的华夏大地上，长江、黄河、珠江、大运河等大江大河，以独特的地理环境与历史风貌共同孕育了自强不息、璀璨光辉的中华文明。斗转星移，时光轮转，承载着华夏儿女苦难与辉煌的大江大河历经千年风雨，终于迎来了崭新的时代。每一条大江大河的生态保护和系统治理，事关中华民族的伟大复兴，事关子孙后代的幸福生活，也寄托着中华民族的光荣与梦想。

在这样的新时代背景下，面向儿童出版一套弘扬我国大江大河科技与文明的科普绘本，正当其时。这套"大江大河科普绘本"与以往关于长江、黄河、珠江、大运河的科普图书有所不同：从"科技＋工程"的角度入手，精心设计手绘图景，全景展现了我国大江大河的地理风貌、历史变迁、人文风貌、超级工程和科技成就等。孩子们每了解一个知识点都如同走入一幅画卷，在打开视野的同时，也沉浸式地了解了大江大河的前世今生。更重要的是，这套书通过介绍大江大河上的超级工程及其科技创新，帮助孩子们对今天的大江大河产生全新的认识。

可以说，这套"大江大河科普绘本"，既是科普，又是见证——科普长江、黄河、珠江、大运河的相关知识，见证五千多年来中华民族在历史、文化、经济、水利、交通、城市、生态等领域所取得的辉煌成就。

国家和民族期盼少年儿童健康成长，成为担当民族复兴大任的时代新人。衷心希望广大少年儿童通过阅读这套"大江大河科普绘本"，愿意去深入了解我国的大江大河，从而树立起民族自信心，担当起时代传承使命。

中国工程院院士、水文学及水资源专家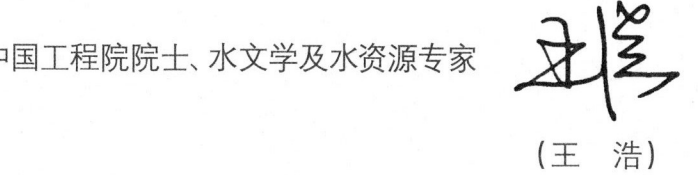

（王 浩）

# 历史悠久的大运河

世界上的河流可以分为两类：一类是天然形成的河流，如我们熟悉的长江、黄河等，它们的形成历史非常悠久；还有一类是人工开凿的水道——运河，它们往往连通着天然的河流或湖泊，是人类改造自然的杰作。

在古代，运河的名称比较多，有的称为"沟"，如邗（hán）沟（位于今江苏）；有的称为"渠"，如灵渠（位于今广西壮族自治区）。另外，运河还有"渎（dú）""水"等称谓。今天，我们把人工开凿的水道统称为运河。

客船

大运河开凿于春秋时期，完成于隋朝，繁盛于唐宋，取直于元朝，疏通于明清，复兴于当代。这条南北走向的人工河流，已经有 2500 多年的历史了。

# 畅通南北的水上航道

古代大宗货物的主要运输方式是水运。在中国，天然河流有特定的流向——大部分自西向东奔流，于是，利用天然河流开凿运河，连通东、西、南、北不同的水域，就形成了古代货物、人员和信息的"互联网"。

大运河包括隋唐大运河、京杭大运河、浙东运河3个部分，连通了海河、黄河、淮河、长江、钱塘江五大水系，纵贯北京、天津、河北、山东、河南、安徽、江苏和浙江8个省（直辖市），全长近3200千米，是古代内陆最重要的南北水上航道。

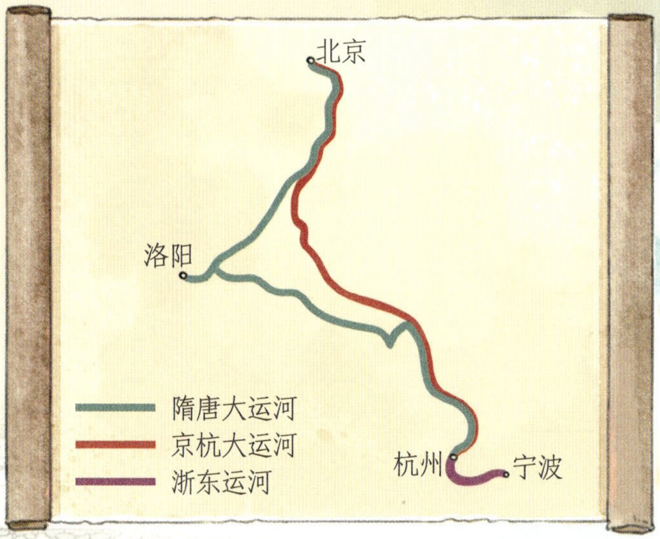

大运河全貌示意图

5

## 只有中国才有运河吗?

运河是人类顺应自然、改造自然的杰作。根据世界运河历史文化城市合作组织(WCCO)秘书处的初步统计:目前世界上有1000多条运河,其中被列入《世界遗产名录》的运河有6条。另外,除了中国大运河,国际上还有巴拿马运河、苏伊士运河、伊利运河等知名运河。

巴拿马运河

苏伊士运河

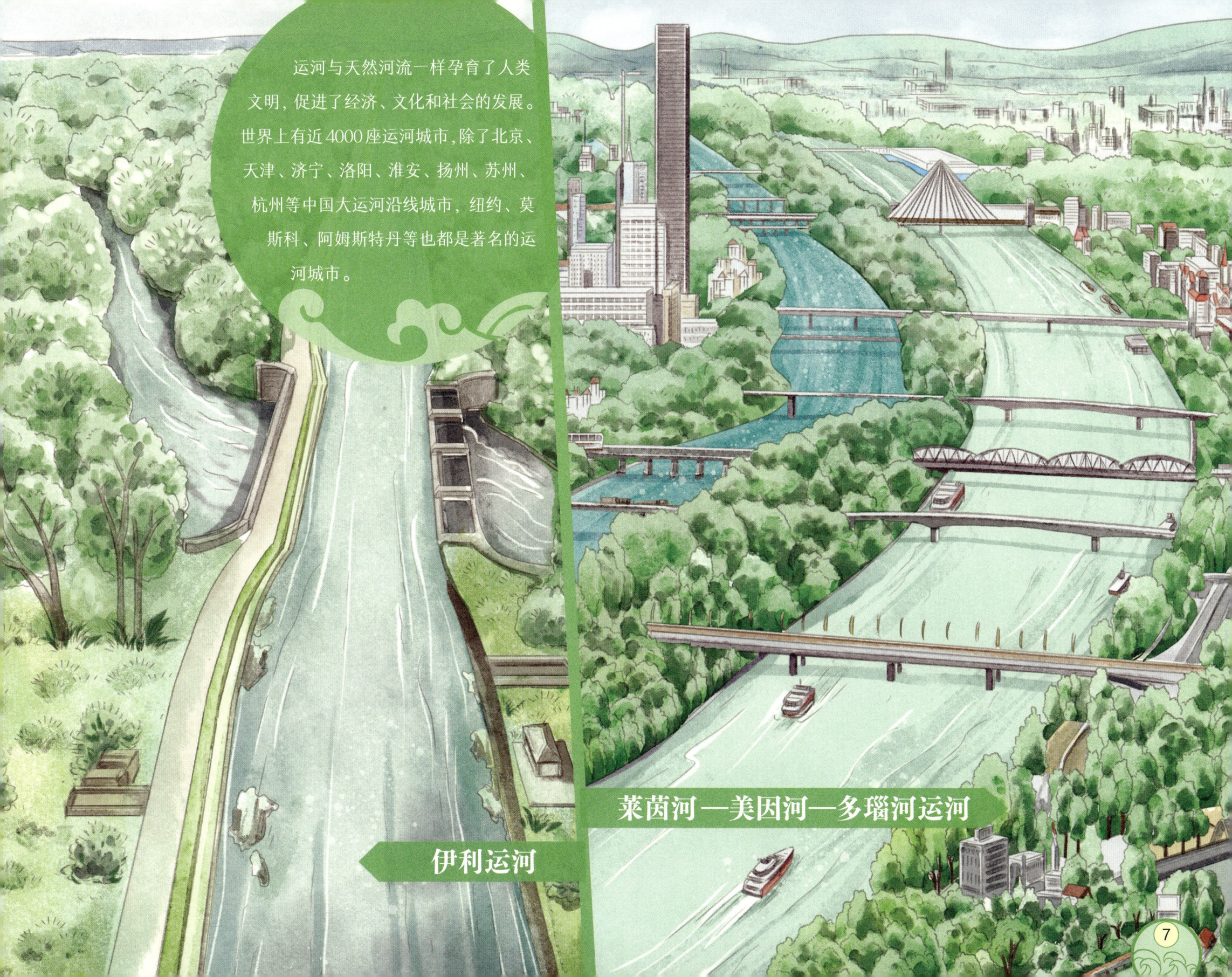

运河与天然河流一样孕育了人类文明，促进了经济、文化和社会的发展。世界上有近4000座运河城市，除了北京、天津、济宁、洛阳、淮安、扬州、苏州、杭州等中国大运河沿线城市，纽约、莫斯科、阿姆斯特丹等也都是著名的运河城市。

**伊利运河**

**莱茵河—美因河—多瑙河运河**

# 隋炀帝与大运河

在古代,大山、大江、大河把国土分成难以连通的各个区域,交通上的不便容易造成诸侯割据、中央难以管控地方的局面。

隋朝建立后,隋炀帝杨广命令百万劳工开凿、疏通运河。经过约6年时间,一条以洛阳为中心,南至余杭(今杭州)、北至涿郡(今北京),全长约2700千米的大运河形成了,它沟通了南北经济、文化,为后来的大唐盛世奠定了基础。

繁华的运河两岸

### 吴王夫差开凿邗沟

春秋时期的吴王夫差一心想要扩大统治版图,决定率军北上进攻齐国。公元前486年,他率军跨过长江,来到今天的扬州地界,筑邗城,同时充分利用沿线天然河流与湖泊,挖邗沟以沟通长江与淮河,为其水上行军提供便利的航道。在当时,邗沟的主要用途就是军事运输。

# 裁弯取直的元朝大运河

把隋唐大运河与元朝大运河的路线画到一张图上，两条运河路线并起来像是一个三角形。在隋唐大运河建成600多年后又开凿的元朝大运河（今京杭大运河）为什么不再经过河南，而改在山东裁弯取直呢？

隋唐大运河与元朝大运河对比示意图

因为到了元朝，中国的政治中心已从中原转移到北方，而当时南北经济发展差距很大。为了维护北方政治与军事中心的地位，需要南方及时提供大量粮食和其他物资，将运河裁弯取直可以大大缩短运输里程和时间，降低运输成本。裁弯取直后的元朝大运河长约1800千米，比隋唐大运河缩短了900多千米。

暂时存放粮食的仓房

### 大运河与古代漕运

漕运就是将全国各地（主要是南方地区）的粮食，通过水路运输的方式，运送给朝廷或军队使用。水运相对陆运有很多好处，如运输量大、运输成本低等。在古代，大运河的主要功能就是漕运。

# 乾隆下江南

隋朝以后，江南逐步成为中国的经济中心。唐朝诗人韩愈曾写道："当今赋出于天下，江南居十九。"可知当时江南地区的经济地位十分重要。于是，下江南巡视河工以保证漕运畅通，是古代皇帝治国理政的一项重要工作。

乾隆是下江南最多的皇帝之一，他南下的主要目的之一就是巡视黄河和大运河。数千年来，黄河水患不断，而黄河水流的稳定与否，一定程度上决定着大运河漕运是否畅通。

# 治水"神人"郭守敬

在元朝,有一位伟大的水利专家名叫郭守敬,他被称为治水"神人"。经过科学设计,周密组织,精心施工,郭守敬真正实现了元朝大运河的全线贯通,使江南漕船可以从北运河经通惠河直接驶入大都城内的积水潭。他运用丰富的水利知识所规划、治理的大都城"水网",至今仍发挥着重要作用,为北京古城的水利建设做出了贡献。

## 引水至积水潭

为了寻找供给运河的水源,郭守敬走遍了大都城附近的山山水水,最终找到了白浮泉。他将白浮泉引向西边的山麓(lù),又顺着山麓走势将水流引向南方,使它们源源不断地汇入瓮(wèng)山泊(今颐和园内的昆明湖)。最后,水流汇入大都城内的积水潭,使其成了通惠河的主要水源。

**白浮泉引水方案示意图**

白浮泉

瓮山泊

积水潭

# 南旺分水枢纽

南旺分水枢纽是明朝永乐九年，工部尚书宋礼采用白英的建议所修建的大运河会通河段的水利工程。

宋礼和白英指导疏浚会通河，他们利用水往低处流的自然规律，在"引汶河，济运河"方案中较为理想的制高点——戴村，建造戴村坝，开挖小汶河，引水至大运河。同时，他们还在南旺分水，疏通马踏湖、蜀山湖和南旺湖作为水上枢纽，建闸坝调节水量，保证漕运畅通。在南旺分水枢纽工程中，宋礼和白英抓住了"引、蓄、分、排"4个关键环节，实现了蓄泄得宜，运用方便。该工程具有高度的科学性，是我国水利工程史上的创举。

### 民间治水专家——白英

据说,白英当时担任运河纤夫的领班,他对大运河和汶河沿岸的地形、河水流向等十分熟悉。会通河疏浚工程完工后,白英随宋礼进京复命,但因劳累过度,途中不幸呕血去世。治河有功的白英,被明朝永乐皇帝追封为"功漕神",建祠于南旺,白英的功绩一直为后代所铭记。

### 明朝的治水专家

明朝有一位治水专家名叫潘季驯,他先后4次出任总理河道都御史,主持治理运河和黄河,前后约27年。他在长期的治河实践中,总结并提出了"蓄清刷浑"以保漕运的治运方略和"筑堤束水,以水攻沙"的治黄方略,其发明的"束水冲沙法",为中国古代的治河事业做出了重大贡献。

# 三弯能抵一闸

大运河的沧州至德州段和扬州段都有明显的弯道，其中沧州至德州段的弯道尤为突出——从谢家坝到四女寺枢纽全长约90千米的河道内就有88个弯。

这些弯道并不是天然形成的,而是人工设计的。有些河道地势落差大,水流容易直泻而难以存蓄,因此运河上的漕船容易搁浅。为了解决这个问题,人们舍直改弯,以增加河道长度、曲折度的方式来抬高水位和减缓水的流速,号称"三弯抵一闸"或"三弯抵一坝",由此创造了独特的"水工传奇"。

# 运河上的船闸

大运河穿江过河，人工河道和天然河流存在动态水位差，为保障船只顺利通行，大运河还需要船闸来控制水量。

### 世界上最早的复式船闸

据记载,北宋年间修建的真州闸,是世界上最早的复式船闸。复式船闸是设计巧妙的水利枢纽,由闸门、引水渠、退水渠、蓄水陂(bēi)塘等组成。通过各个结构的配合,可以实现引潮、蓄水、节水和输水的多重功能。

由于管理困难等因素,元明清时期的运河上则比较少使用复式船闸。

# 船工号子

位于北京通州的张家湾曾是京杭大运河上的重要码头,有"大运河第一码头"的美称。

## 京剧

大运河沿线的城镇多且繁华,码头正是戏班子演出的最佳场所。京剧的诞生,离不开南北戏曲的交融与发展。

## 杨柳青木版年画

杨柳青木版年画诞生于天津,制作它所用的大多数材料,都是依靠京杭大运河从南方运来。它的制作主要有"勾、刻、印、绘、裱"5道工序,是将手工彩绘与木版套印完美结合的代表。

明清时期，建设都城的众多物资，都是通过海运和漕运先到达张家湾，再从张家湾运送至都城。在运河上行船时，为了给水手鼓劲提神，船工号子由此产生，它是运河文化的标志性符号之一。

### 通州运河船工号子

2006年，通州运河船工号子入选首批北京市级非物质文化遗产名录，使运河船工号子这一悠远、深沉的历史声音得以长久流传。

# 皇宫里的金砖

金砖是古代专为皇宫所烧制的一种方砖。因其敲击声似金属，所以被称为金砖。

明朝永乐年间，苏州陆慕砖窑被工部看中。由于砖块的烧制技艺独特，做工考究，质地密实，赢得了当时皇帝的称赞，因此陆慕砖窑被赐名为御窑。

**1 取土**
经过多次挑选的黏土土质细腻，可塑性强。取土要经过掘、运、晒、棰（chuí）、舂（chōng）、磨、筛7道工序。

**2 练泥**
练就可以用来制坯的泥料，主要经过澄、滤、晾、晞（xī）、勒、踏6道工序。

**3 制坯**
将练好的泥制成砖坯。

**4 阴干**
将砖坯置于室内，每天翻转，让它们慢慢地干透。

**6 窨(xūn)水**

砖坯在窑内经过4个多月的焙烧后,就要窨水冷却——在窑顶做出一块平整的区域,将水注入其中。

**7 出窑**

等待窑室冷透之后,就可以将金砖从窑内小心地搬出了。

**5 (装窑)焙烧**

将砖坯装入窑中,烧制过程中要随时关注火候,加入柴草的时机和数量也要格外注意。

几百年来,金砖的制作工艺代代相传,延续至今。为了更好地传承这项非物质文化遗产,现在建有苏州御窑金砖博物馆。

## 运河古镇

　　裁弯取直后的京杭大运河贯穿了很多城镇。其中，位于今山东济宁境内的南阳镇，凭借优越的地理位置，逐渐发展为运河上的贸易枢纽。

　　明清时期，南阳镇吸引了全国各地的商贾、名门。那里的商铺被人形容为"晴天不见日，雨天不漏水"，造就了小镇的多年繁荣。

　　道口古镇位于隋唐大运河的河南段。明清时期，道口镇水路通畅，集市热闹非凡。南粮北运，津货南来，凭借便捷的水路交通优势，道口镇成为重要的交通枢纽和"日进斗金"的商贸城镇。

　　清朝末期，铁路的建成与通车极大地方便了物资的流通和转运，道口镇因此成了以水路为主、陆路为辅的交通枢纽，被称作"小天津"。

酒馆

客船

邵伯古镇历史悠久、人文荟萃，是中国历史文化名镇，迄今已有1600多年的历史。这里不仅有邵伯船闸、邵伯码头、邵伯古堤等杰出的运河水利工程，还有谢公祠、斗野亭等丰富的历史遗存，是重要的大运河遗产保护区。

邵伯船闸

现位于浙江湖州的新市古镇,是江南七大古镇之一,它拥有1700多年的历史和深厚的文化底蕴。新市是典型的江南水乡古镇,它因水成市,因水成街,又被水分割成了18块。现存的36条各具特色的弄堂贯穿于街市之间,再加上河面上的一座座桥梁,新市古镇处处都充满了诗情画意。

琉璃塔

祠堂

戏台

北京 万宁桥

衡水 景县华家口夯土险工

安阳 卫河（永济渠）滑县—浚县段

沧州 东光连镇谢家坝

鹤壁 浚县黎阳仓

宿州 通济渠泗县段

洛阳 含嘉仓

商丘 通济渠商丘南关段

淮北 柳孜运河码头遗址

## 入选《世界遗产名录》

2014年6月22日，在卡塔尔首都多哈召开的第38届世界遗产大会上，联合国教科文组织批准"中国大运河"列入《世界遗产名录》。其中包括河道遗产27段，总长度1011千米，运河水工遗存等相关遗产共计58处。

中国大运河申遗历经近9年时间，成功入选《世界遗产名录》，既是荣誉更是责任，它要求我们要以更高的标准保护好运河，传承运河文化。

郑州 通济渠郑州段

湖州 南浔古镇

杭州 凤山水城门

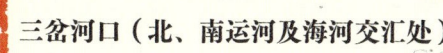
天津 三岔河口（北、南运河及海河交汇处）

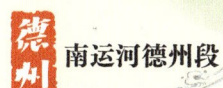
德州 南运河德州段

### "运河三老"与大运河申遗

"运河三老"是指中国大运河申遗发起人郑孝燮(xiè)、罗哲文、朱炳仁。2005年12月，3位当时平均年龄达77岁的文化专家，联名致信大运河沿线18个城市的市长，呼吁用创新的思路，加快大运河在申报《世界遗产名录》的工作进程，拉开了大运河保护与申遗的帷幕。

聊城 临清运河钞关

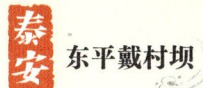
泰安 东平戴村坝

枣庄 中运河台儿庄段

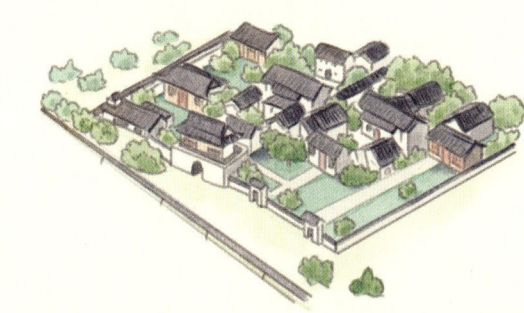
济宁 南旺分水龙王庙遗址

淮安 总督漕运总署

扬州 瘦西湖

无锡 清名桥古运河景区

宁波 庆安会馆

嘉兴 长虹桥

常州 江南运河常州城区段

苏州 盘门

绍兴 八字桥

宋锦织造技艺 聊城杂技 梆子戏 昆曲 舞狮表演 布袋戏 木偶戏 表演区 ③ 猜灯谜 常州踩高跷 沛县武术 口技表演

大运河为世人留下了太多独具特色的风土人情、民俗文化。其中，庙会就是一个重要组成部分。

现在，多姿多彩、与时俱进的大运河庙会成为人们休闲、放松的好去处。人们在这里品尝美食、观看表演、体验"非遗"手艺，沉浸式感受运河文化新风貌。

## 运河上流传了哪些熟悉的谚语？

运河上有这样一句谚语："靠山吃山，靠水吃水。"旧时，渔民常年靠捕鱼、摸虾过日子，"三天打鱼，两天晒网""三天打鱼，两天磨钩"等谚语就是在这些实践中形成的。

货船

## 水上"立交桥"

　　在江苏淮安，有一座奇特的水上"立交桥"，桥上面是人工开凿的京杭大运河，桥下面则是淮河入海水道。原本两条河流要交汇，但被人为地分成互不干扰的上、下两层，既保障了京杭大运河正常的通航水位，使来往船只顺利畅行，又满足了洪水经淮河入海水道直接分泄入海的需求。

　　这就是淮安水上立交枢纽工程，它于2000年10月兴建，2003年建成通水，其规模现居亚洲之最。

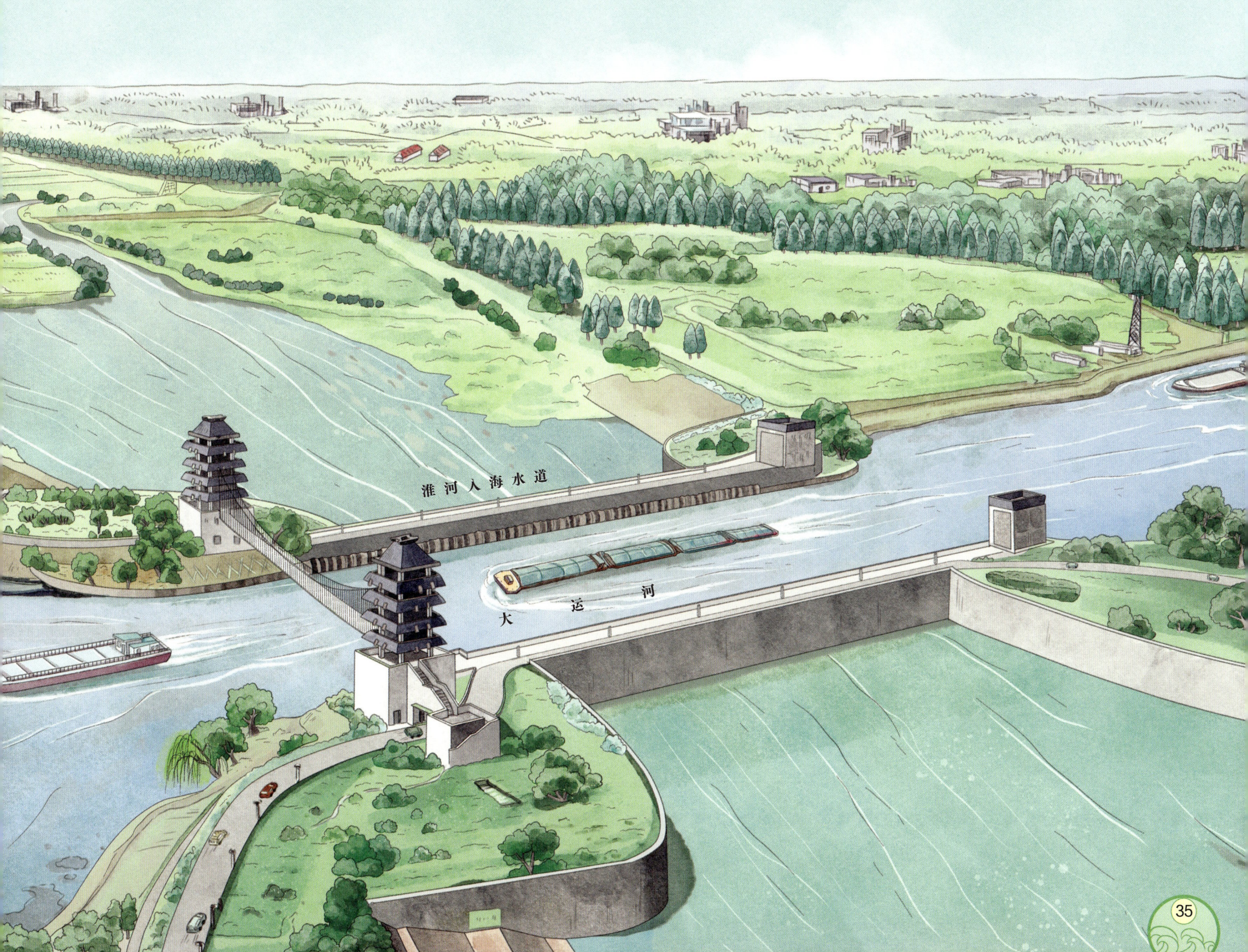

## 大运河与南水北调

南水北调东线工程与大运河有着密不可分的关系,该工程从江苏扬州的江都抽引长江水,利用大运河及其平行的河道逐级提水北送,并连接起洪泽湖、骆马湖、南四湖、东平湖等湖泊。

南水北调东线工程在规划和建设过程中充分利用了京杭大运河的里运河、中运河、南运河等河道,其与京杭大运河的路线和选址大致相同,前者重在通水,后者重在通航。古老的运河正在以新的方式发挥着重要作用。

# 中国大运河博物馆

目前占地面积最大的运河博物馆是建成于 2021 年的中国大运河博物馆,它位于扬州,与运河三湾风景区相邻。博物馆内运用现代技术,以多样化的展示形式,全流域、全时段、全方位地展现了中国大运河的历史、文化、生态和科技面貌,被誉为中国大运河的"百科全书"。

大运河是中国古代劳动人民留给我们的宝贵遗产,它历经2500多年的发展与演变,绵延近3200千米,串联起沿岸的一座座城市。千百年来,大运河见证着中华民族的奋斗与兴盛,承载着中华民族悠久的历史和灿烂的文化。

朋友们,这次大运河之旅就到这里了,但希望你们探寻大运河的脚步永不停歇。

# 后 记

历史悠久的大运河就像一本百科全书,用图文并茂的形式面向普通读者,特别是广大少年儿童开展运河科普,使他们了解大运河、爱上大运河,并自觉成为大运河文化的保护者和传承者,一直是我的理想之一。这次与童趣出版有限公司的愉快合作,使我的愿望得以实现。

在本书中,我与插画师试图选取一些重要人物、重要事件来展示大运河作为一条"文化之河、经济之河、生活之河"的厚重历史、人文之美和工程智慧,但由于篇幅所限,难免挂一漏万。当然,希望此书能够抛砖引玉,激起大家深入探索大运河的兴趣。这是我特别期待的事情。

(黄 杰)

扬州大学中国大运河研究院
执行院长
2023 年 12 月 8 日